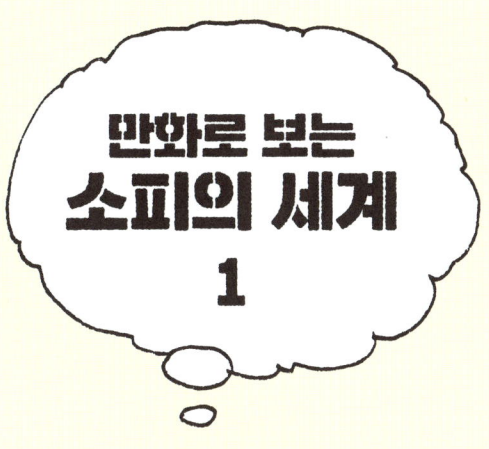

LE MONDE DE SOPHIE : VOLUME 1
by Jostein Gaarder, Vincent Zabus & Nicoby

Copyright ⓒ 2022, Albin Michel
Based on the novel Sophie's World, ⓒ Jostein Gaarder
First published by H. Aschehoug & Co. (W. Nygaard) AS, 1991
Published in agreement with Oslo Literary Agency

Korean translation copyright ⓒ 2022, Gimm-Young Publishers, Inc.

이 책의 한국어판 저작권은 저작권사와의 독점 계약으로 김영사에 있습니다.
저작권법에 의해 한국 내에서 보호를 받는 저작물이므로 무단전재와 무단복제를 금합니다.

만화로 보는 소피의 세계 1 : 소크라테스에서 갈릴레오까지의 철학

1판 1쇄 인쇄 2022. 11. 18.
1판 1쇄 발행 2022. 11. 30.

원작 요슈타인 가아더
글 뱅상 자뷔스 **그림** 니코비
옮긴이 양영란

발행인 고세규
편집 강영특 | **디자인** 홍세연 | **마케팅** 윤준원 | **홍보** 장예림
발행처 김영사

등록 1979년 5월 17일 (제406-2003-036호)
주소 경기도 파주시 문발로 197(문발동) 우편번호 10881
전화 마케팅부 031)955-3100, 편집부 031)955-3200 | **팩스** 031)955-3111

값은 뒤표지에 있습니다.
ISBN 978-89-349-4273-3 47100 | 978-89-349-4328-0(세트)

홈페이지 www.gimmyoung.com   **블로그** blog.naver.com/gybook
인스타그램 instagram.com/gimmyoung   **이메일** bestbook@gimmyoung.com

좋은 독자가 좋은 책을 만듭니다.
김영사는 독자 여러분의 의견에 항상 귀 기울이고 있습니다.

힐데에게

"3천 년의 역사로부터
아무런 교훈도 이끌어내지 못하는 사람은
하루하루를 그저 되는 대로 사는 사람이다."
– 괴테

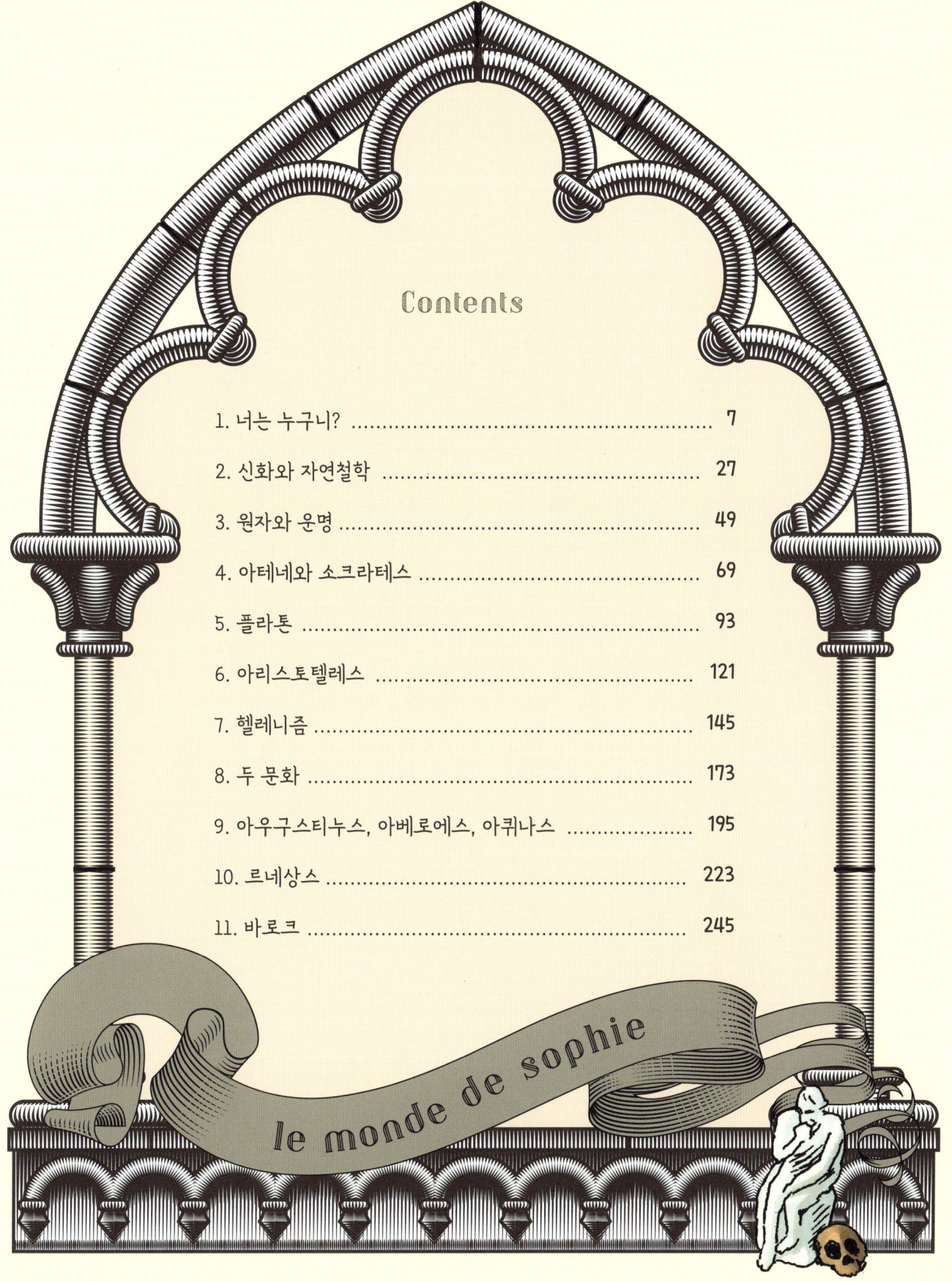

Contents

1. 너는 누구니? ... 7
2. 신화와 자연철학 ... 27
3. 원자와 운명 ... 49
4. 아테네와 소크라테스 ... 69
5. 플라톤 ... 93
6. 아리스토텔레스 ... 121
7. 헬레니즘 ... 145
8. 두 문화 ... 173
9. 아우구스티누스, 아베로에스, 아퀴나스 ... 195
10. 르네상스 ... 223
11. 바로크 ... 245

le monde de sophie

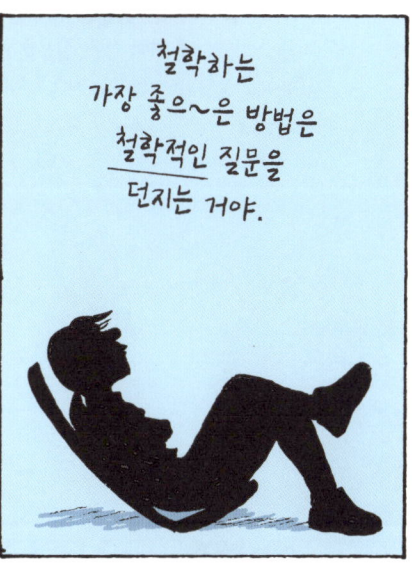

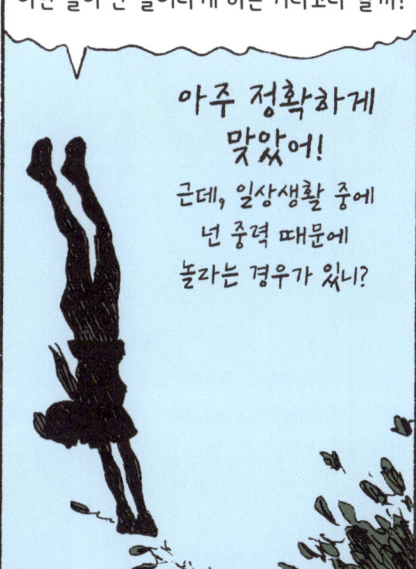

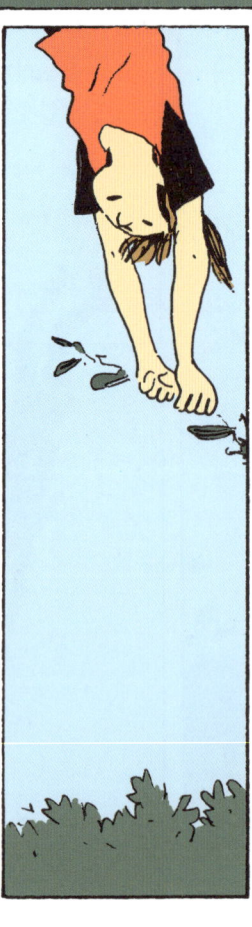

2. 신화와 자연철학

*북유럽 신화에 등장하는 요정—옮긴이.

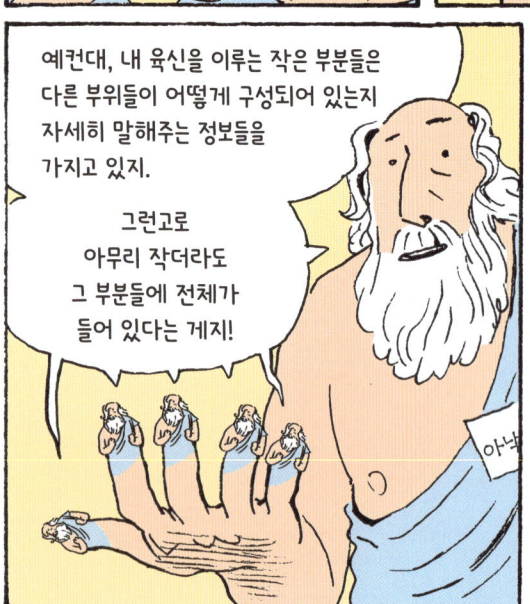

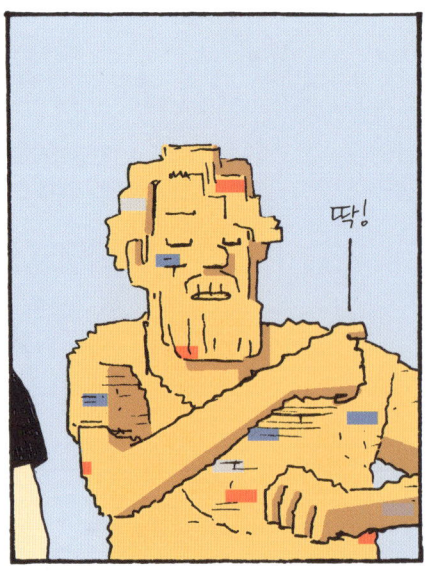

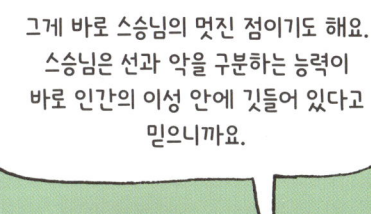

그들은 벽에서 흔들거리는 그림자를
현실이라 여기지만,
실은 그림자일 뿐이지…

내 비유에서는 오직
철학자만이 자신이 가진 앎에 힘입어,
동굴의 세계를 벗어나
자유로워질 수 있었지.

그는 이데아의 세계가
존재한다는 걸 아니까!

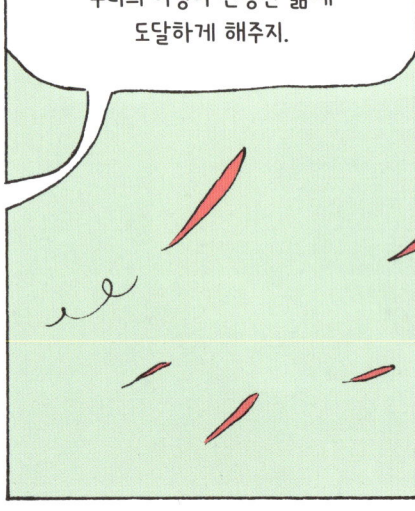

*캐나다에서 태어난 천재 물리학자이자 환경운동가로 프랑스에 귀화—옮긴이
**Putain de Facteur Humain의 머리글자로 '빌어먹을 인간 요인'이라는 뜻—옮긴이

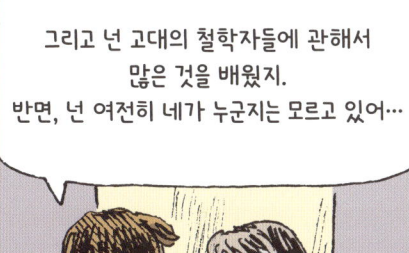

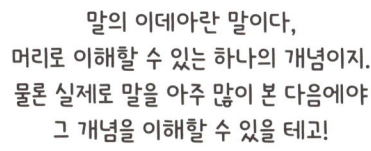

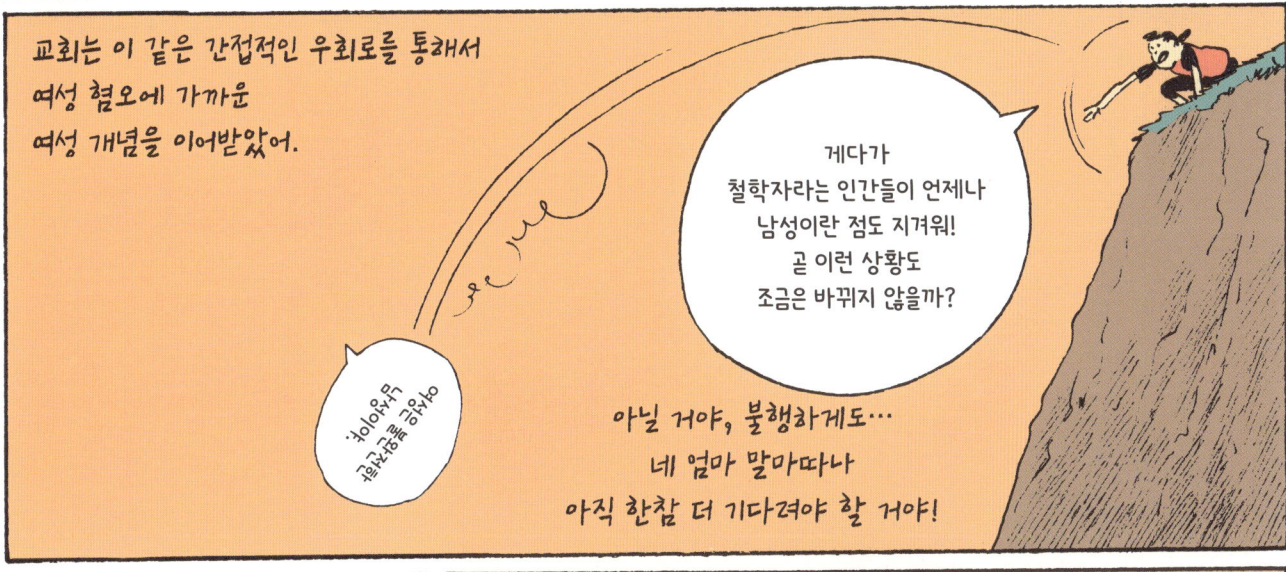

*횡단보도 가장자리에 징을 박아 표시해놓은 선—옮긴이

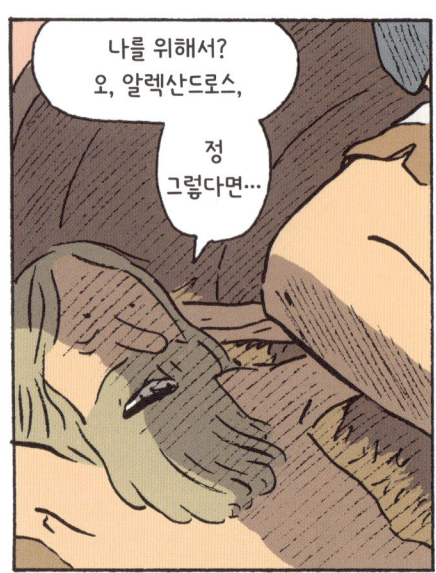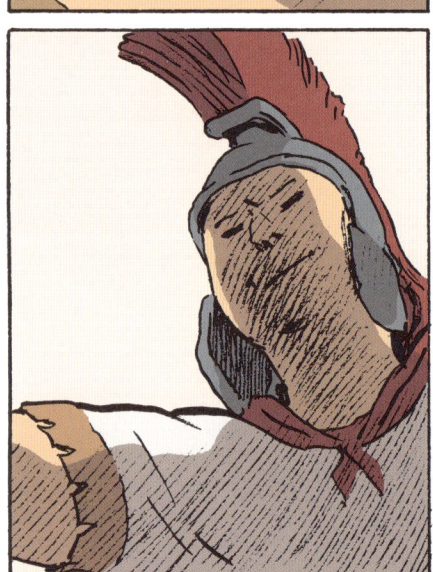

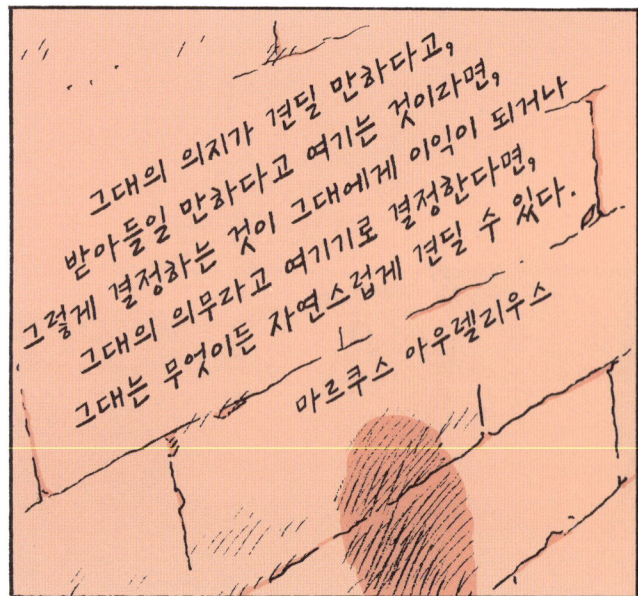

댕 댕 댕

자정이라…
철학할 시각!
히, 히…

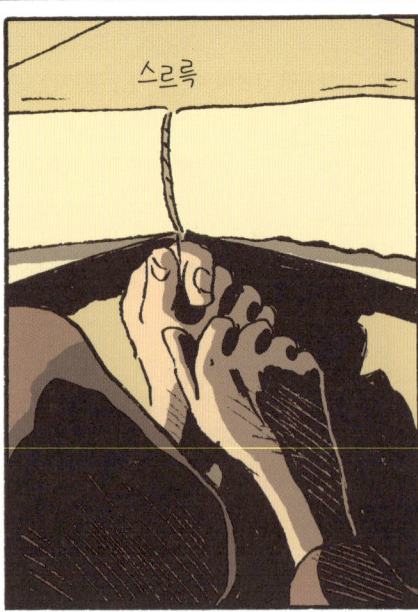

약 4천 년 전에 인도·유럽족은 흑해와 카스피해 연안에 살았지.

이들은 거기서부터 이동해서 서쪽으론 프랑스와 영국에 다다랐고,

북유럽과 심지어 동유럽, 러시아 방면으로도 뻗어나갔지.

영국
프랑스
북유럽
러시아

남서쪽으로는 그리스와 이탈리아, 스페인에,

스페인
흑해
그리스
튀르키예
카스피해

남동쪽으로는 이란과 인도에,

이란

인도·유럽족은 가는 곳마다 토착민들과 뒤섞였고, 이내 이들의 언어와 문화는 지배적이 되지.

셈족은 본래 아라비아반도에서 왔지만, 그들 역시 광범위하게 이주를 했어…

유럽 문화를 이해하려면, 그 문화에 물을 대준 이 두 뿌리에 관심을 기울일 필요가 있단다.

딸깍

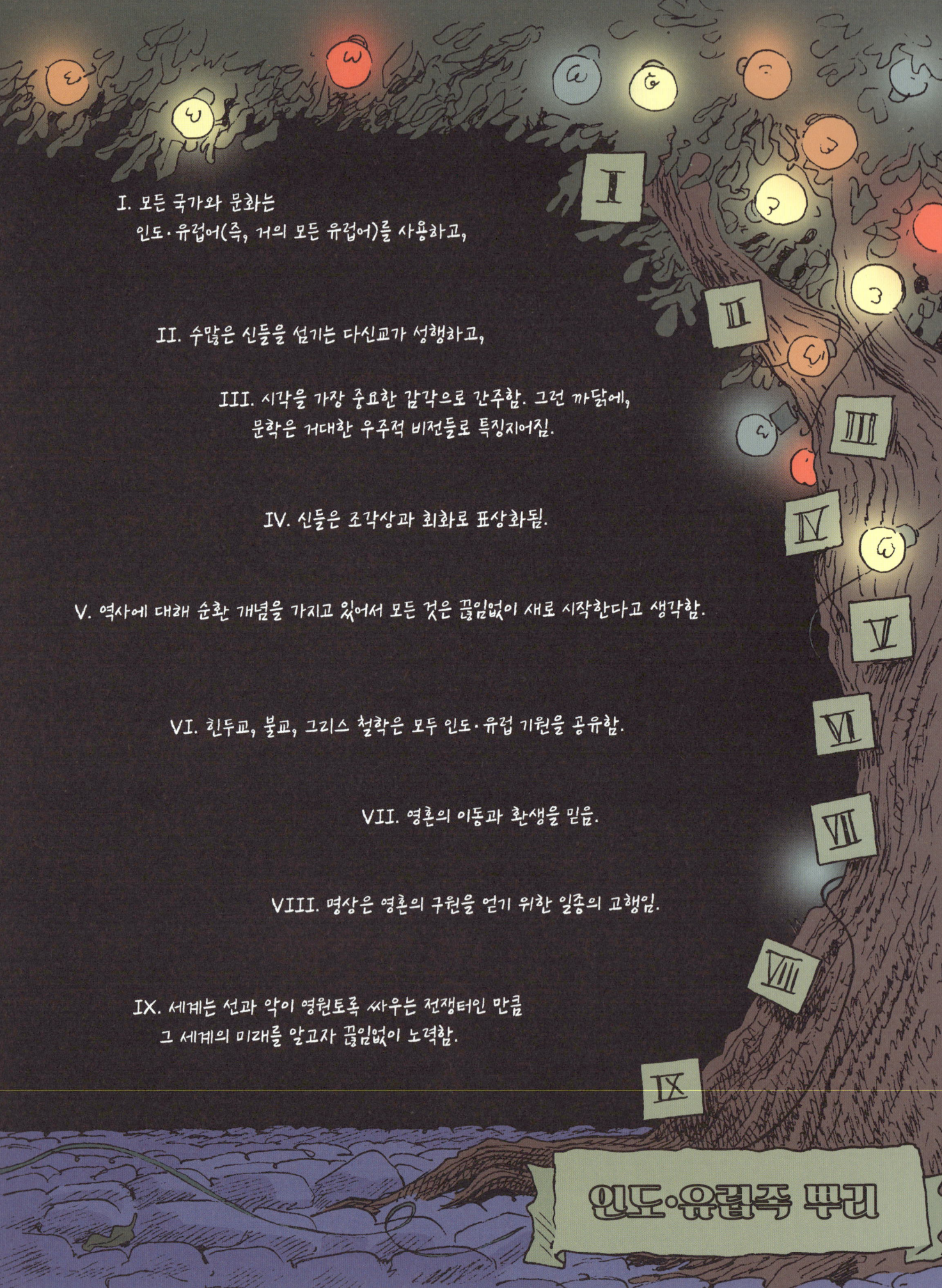

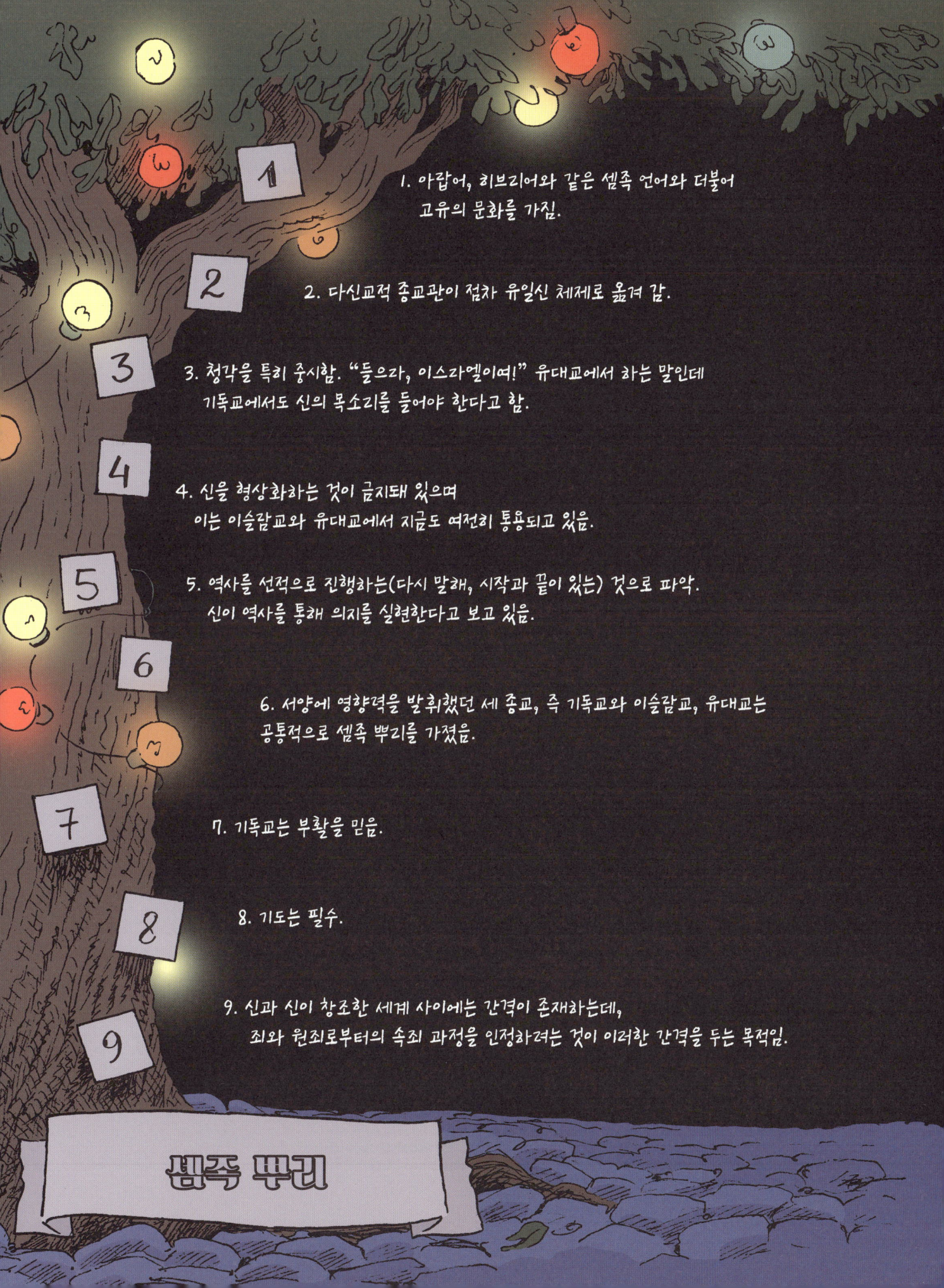

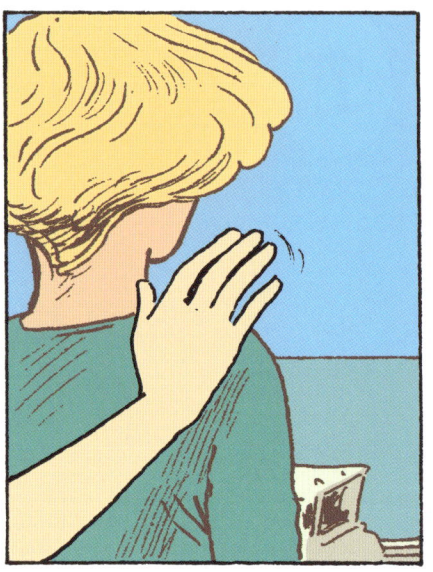

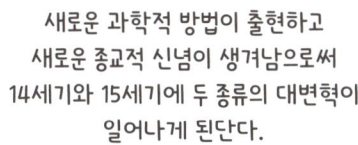

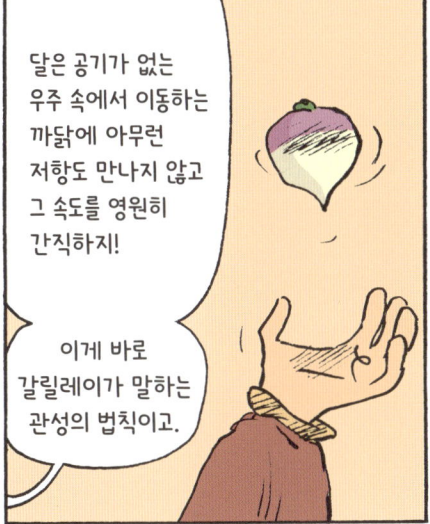

자연은 더 이상 인간까지 포함하는 어떤 것이 아니라 인간이 필요로 하고 또 사용하게 될 어떤 것이 되는 거야. "아는 것이 힘"이라고 프랜시스 베이컨은 말했지.

인간들은 자연 정복에 나서서, 주인이 되기 시작하지.

맞아요… 오늘날 벌어지는 일들을 보고 있노라면, 선생님, 인간이 지나치게 멀리 갔다는 말로도 부족할 지경이죠!

네 말이 맞아, 소피. 긍정적인 면만 있는 건 아니지. 르네상스 시대에 시작되고 산업화 시대에 엄청나게 체급을 키운 기술 발달은 커다란 변혁의 원천이 되지.

인간은 이제 재화뿐 아니라 실업을 양산하기도 하는 기계들까지 만들어내게 되었으니 말이야.

기술 진보는 사람들의 생명을 구하는 의약품 발견으로 이어지기도 하지만, 반대로 새로운 질병의 출발점이 되기도 하지.

농산물의 집약적인 재배로 인류의 굶주림이 줄어들게 된 건 사실이지만, 동시에 토양의 황폐화라는 결과로 이어지기도 해.

기술 도약은 따지고 보면 오늘날 세계에 드리운 수많은 위협들을 일으키는 요인이기도 하니까!

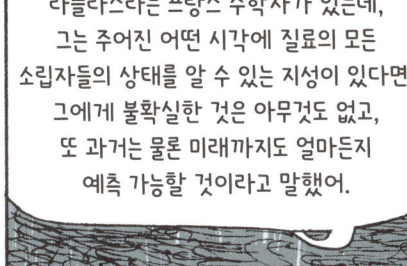

지은이들은 이 책이 탄생하기까지 도움을 준 이들에게 감사드립니다.

그중에서도 특히,
요슈타인 가아더는 우리에게 완전한 자유를 허용해주었고,
UCL(유니버시티 칼리지 런던)의 철학교수 에르베 푸르투아는
우리 원고를 꼼꼼하게 읽고 예리하게 수정해주었습니다.
제롬 포쇠는 노르웨이 문화에 대한 해박한 지식을 아끼지 않고 베풀어주었고,
샤를로트는 일상을 바라보는 철학적인 시선에 눈뜨게 해주었으며,
로메오는 우리에게 세상을 관조하라고 상기시켜주었고,
특히 마르탱은 선의로 충만한 통찰력과 상시적인 조언으로 우리의 용기를 북돋아주었습니다.
이 프로젝트를 처음부터 끝까지 빈틈없이 진행해준 로랑의 수고는 두말할 나위도 없습니다.

Le Monde de Sophie